AF440852

Este libro es para:

....

¿Cómo es que todo comenzó?

6"X5"

FOTO

1 CONDUZCA HASTA EL LUGAR DONDE SE CONOCIERON ☐

2 ¿Dónde naciste? Ve allí:

.... ☐

.... ☐

3 Pasa otra primera cita
- ¿Dónde fue tu primera cita?

.... ☐

4 TODO EL MUNDO TIENE DERECHO A UN PUNTO DESEO:

.... ☐

.... ☐

5 **VAYAN A CELEBRAR JUNTOS Y PIDAN UNA BOTELLA DE CHAMPÁN.** ☐

6 CUÉNTESE UN SECRETO DE LA INFANCIA ☐

7 Pasa una noche al aire libre ☐

11

Con toda la diversión que tenemos, no olvidamos a los que no se divierten. ¡Haz algo bueno! Ve al refugio, hogar de niños, etc. y apoyada.

☐

12 ¿TUS DESTINOS DE VACACIONES DE EN-SUEÑO?

☐

☐

13 Empaca tus cosas.
¡Coche y vamos! ¿A dónde? ¿Dónde está?
...el camino te traerá. ☐

14

¿A qué concierto querías ir
¿Siempre? Eso está muy bien...
Ve al promotor del concierto
y reservar el próximo concierto...
lo sepas o no!

□

15 ¿Cuándo fue la última vez que escribiste tu carta de amor escrito? Ya era hora: ☐

16 ¿Cuándo fue la última vez que escribiste tu carta de amor escrito? Ya era hora: ☐

17 — ¿Conocen los miedos del otro? ¿Qué son? ☐

1.

....

....

....

2.

....

....

....

18

Todos pueden usar la ropa del otro y y luego salen juntos!

5"X4"

FOTO

19 INTENTA UNA NUEVA POSICIÓN DESDE EL KAMASUTRA ☐

20 SUBIR UNA MONTAÑA JUNTOS ☐

21 Ir a acampar juntos ☐

22 Date un masaje en pareja o aprender a hacerlo de inmediato ☐

23

Pasar un día juntos
sin ninguna tecnología! No
Teléfono móvil, sin televisión, etc.

☐

24

¡Puedes recordar tu última
¡Pelea de almohadas? Ahora
tendrás una experiencia más!

☐

25

¿A QUÉ CONCIERTO QUERÍAS IR
¿SIEMPRE? ESO ESTÁ MUY BIEN...
VE AL PROMOTOR DEL CONCIERTO
Y RESERVAR EL PRÓXIMO CONCIERTO...
LO SEPAS O NO!

☐

26 Cantando un dueto juntos en un bar de karaoke ☐

27 Soldar objetivos comunes juntos! Elige un objetivo deportivo y lo dominan juntos. ☐

....

....

....

28 Gemeinsame Ziele beim Schweißen zusammen! Wählen Sie ein Sporttor und meistern Sie es gemeinsam. ☐

29 TRES ADJETIVOS QUE HACEN QUE TU PAREJA ¿DESCRIBIR? ☐

1.

....

....

....

2.

....

....

....

30

SU mayor común
¿RÁFAGAS DE ADRENALINA? □

5"X4"

FOTO

31 TAMBIÉN DESAYUNA EN LA CAMA. ☐

32 Te dice que el mayor deseo sexual ☐

1.

2.

33 CÚBRANSE LOS OJOS Y LÍMPIENSE LOS UNOS A LOS OTROS DIENTES ☐

34 Darse apodos el uno al otro

.... ☐

.... ☐

35 Tomar una clase de baile juntos y mostrar a otras personas lo que has aprendido. Dancemoves ☐

TODOS CREAN UNA LISTA DE REPRODUCCIÓN CON SU CANCIONES FAVORITAS ☐

VAYAN JUNTOS AL CINE Y DEJEN QUE LA CAJERA ELIJA LA PELÍCULA. ☐

Prepara un almuerzo para la otra persona trabajo completado ☐

39

Haga un dibujo de tu compañero ☐

5"X4"

FOTO

40

Haga un dibujo de tu compañero □

5"X4"

FOTO

41

HABLA DE TU FUTURO Y DE LO QUE SUS OBJETIVOS COMUNES SON ☐

1. ....
2. ....
3. ....

42

Emborracharse juntos ☐

43

Un beso en el
Rueda de la fortuna □

5"X4"

FOTO

44 ¿Quién en su círculo de conocidos está en lo que usted considera una gran relación? Entrevistadlos y preguntad por los 5 primeros consejos: ☐

1.
....

2.
....

3.
....

4.
....

5.
....

45 MUÑECO DE NIEVE BAMAU ETINEN ☐

46 Después es el momento de un Pelea de bolas de nieve ☐

47 Ir a la sauna juntos ☐

48 Elija un récord mundial y trata de imitarlo ☐

49 Paseo en tándem ☐

50 Es hora de que el Monopoly ☐

51 DiGA "Te amo" en el 12 Diversos lenGuaJes ☐

52 Crea un común Cóctel ☐

....

....

....

53

¿Has estado en ¿Asiático? □

5"X4"

FOTO

54

¡Qué hay de
África de... ☐

5"X4"

FOTO

55 Enterrar un tesoro para su
Niños ☐

56 **Construye en conjunto
Mueble en** ☐

57 Hable de sus mayores deseos ☐

Un par de trajes para Carnaval o Halloween ☐

59 VAYAN DE COMPRAS JUNTOS Y TODOS COMPRAN UNA PARTE PARA EL OTRO ☐

60 Vayan juntos al Munich Oktoberfest ☐

61 Todos cocinan para todos los demás una vez ☐

62 Recitar un poema ☐

63 Recitar un poema ☐

64

Una vez juntos en la Torre Eifel ☐

5"X4"

FOTO

65 PLANTAR UN ÁRBOL – NO EN TU CIUDAD NATAL ☐

66 Ve a recoger hongos juntos ☐

67 Un picnic juntos ☐

68 *Todo el mundo se toma más de una semana largo las tareas domésticas de los demás* ☐

69 Escribe 10 razones por las que amas a tu pareja ☐

70 Escribe 10 razones por las que amas a tu pareja ☐

71 MÍRATE 10 MINUTOS SIN
PARA DECIR ALGO — DETIENE EL TIEMPO ☐

72 Mírense el uno al otro por cinco
minutos y rían ☐

73 Ir al zoológico juntos ☐

74 IR AL ACUARIO JUNTOS ☐

75 ¿HAS ESTADO EN
EL MAR? A LA NAVE ☐

76 Tomar una clase de cocina juntos ☐

77 Se ajusta un día a un niño
tu círculo de amigos o
La familia junta en ☐

78 Beso con el aliento de la mañana ☐

79

Haz las maletas, nos vamos a la ¡Aeropuerto! ¿Cuál es el próximo vuelo? ¡Lo reservaré! ☐

5"X4"

FOTO

80 HAZ LAS MALETAS... ¡SE VA AL AEROPUERTO! ¿CUÁL ES EL PRÓXIMO VUELO? ¡LO RESERVARÉ! ☐

81 Esperar en el cine hasta que los créditos se agoten... ha terminado y juntos somos los últimos en salir de la sala ☐

82 Va a una boda como pareja ☐

82

Alquila un convertible y disfruta de la Atardecer

☐

83

Hace un común
Sesión de fotos ☐

5"X4"

FOTO

84 COCINANDO JUNTOS LA COMIDA TAILANDESA ☐

85 Enseñe a su pareja algo que todavía no es capaz ☐

86 Ve a tener una buena cena y date el gusto. un menú de 3 platos ☐

87 PASA UN DÍA EN EL PARQUE DE ATRACCIONES ☐

88 Describa su Socio con 5 adjetivos ☐

1.
2.
3.
4.
5.

89 Describa su Socio con 5 adjetivos ☐

1.
....

2.
....

3.
....

4.
....

5.
....

90

Va junto con...
Snorkelling ☐

5"X4"

FOTO

91

Mira una ciudad
de arriba a abajo ☐

5"X4"

FOTO

92

Durante un mes,
un cumplido diario ☐

93 REGISTRARSE EN UN HOTEL DE LUJO DE 5 ESTRELLAS ☐

94 PIDE ALGO DE COMIDA Y MIRA ADEMÁS DE TU SERIE FAVORITA ☐

95 Cumplir con un común Sueño ☐

96 PÍDELE A TUS MEJORES AMIGOS UN
PUNTO PARA TU LISTA DE DESEOS ☐

....

....

97 PÍDELE A TUS MEJORES AMIGOS UN
PUNTO PARA TU LISTA DE DESEOS ☐

....

....

98 IR A UNA CITA DOBLE ☐

99 JUEGA AL miniGOLf ☐

100 Sale con una mirada de pareja ☐

101

Beso en el
año nuevo

5"X4"

FOTO